BEI GRIN MACHT SICH IHR WISSEN BEZAHLT

AF141853

- Wir veröffentlichen Ihre Hausarbeit, Bachelor- und Masterarbeit

- Ihr eigenes eBook und Buch - weltweit in allen wichtigen Shops

- Verdienen Sie an jedem Verkauf

Jetzt bei www.GRIN.com hochladen und kostenlos publizieren

Strategische Unternehmensführung. Fallbeispiel für ein Fitnessstudio im Premium-Segment

Lina Mätzschker

Bibliografische Information der Deutschen Nationalbibliothek:

Die Deutsche Nationalbibliothek verzeichnet diese Publikation in der Deutschen Nationalbibliografie; detaillierte bibliografische Daten sind im Internet über http://dnb.d-nb.de abrufbar.

ISBN: 9783346478382
Dieses Buch ist auch als E-Book erhältlich.

© GRIN Publishing GmbH
Nymphenburger Straße 86
80636 München

Alle Rechte vorbehalten

Druck und Bindung: Books on Demand GmbH, Norderstedt Germany
Gedruckt auf säurefreiem Papier aus verantwortungsvollen Quellen

Das vorliegende Werk wurde sorgfältig erarbeitet. Dennoch übernehmen Autoren und Verlag für die Richtigkeit von Angaben, Hinweisen, Links und Ratschlägen sowie eventuelle Druckfehler keine Haftung.

Das Buch bei GRIN: https://www.grin.com/document/1066510

Deutsche Hochschule für
Prävention und Gesundheitsmanagement
Hermann Neuberger Sportschule 3
66123 Saarbrücken

Hausarbeit (kollektive Prüfungsleistung)

Name, Vorname	Mätzschker, Lina
Modul	Strategische Unternehmensführung I
Studiengang	Master für Prävention und Gesundheitsmanagement
Datum Präsenzphase	01.03.2021 – 04.03.2021
Studienort	Köln
Gruppe bzw. zu bearbeitende Stadt	Rostock
Unternehmenstyp*	**Fitnessstudio, Premium-Segment**

* abhängig von Aufgabenstellung: jeweils den zu bearbeitenden „Unternehmenstyp" eintragen

Inhaltsverzeichnis

1 DARSTELLUNG DER AUSGANGSSITUATION... 3

1.1   Wahl des Standorts 3

1.2   Beschreibung des Unternehmenstyps 4

2 PHASE DER STRATEGISCHEN ZIELPLANUNG...................................... 5

2.1   Unternehmerische Vision / Mission / Grundwerte 5

2.2   Strategische Zielplanung 6

2.3   Branchenvergleich...6

3 PHASE DER STRATEGISCHEN ANALYSE UND PROGNOSE.................. 8

3.1   Branchenstrukturanalyse 8

3.2   SWOT-Analyse...10

3.3   Zielplanung...12

4 PHASE DER STRATEGIEFORMULIERUNG 12

4.1   Strategieformulierung...12

4.2   Blue Ocean-Strategie 13

5 PERSONALMANAGEMENT 14

5.1   Führungsverhalten..14

5.2   Recruiting 15

6 LITERATURVERZEICHNIS 16

7 ABBILDUNGS- UND TABELLENVERZEICHNIS 19

7.1   Abbildungsverzeichnis...19

7.2   Tabellenverzeichnis..19

Aus Gründen der besseren Lesbarkeit wird auf die Nennung einzelner Geschlechter (z.B. Bürger:in) verzichtet. Grundsätzlich sind alle Geschlechtsidentitäten mit eingeschlossen.

1 Darstellung der Ausgangssituation

1.1 Wahl des Standorts

Der Standort des Fitnessstudios soll sich in Rostock befinden. Bei der Standortwahl wurde vor allem auf eine gute Erreichbarkeit, eine hohe Bevölkerungszahl und Erwerbstätigkeit geachtet, weshalb Große Mönchenstraße 1, in 18055 Rostock, als Standort ausgewählt wurde. Dieser Standort befindet sich im Stadtbezirk Stadtmitte. Der Bezirk weist mit die höchste Bevölkerungsdichte auf und erwartet bis 2025 einen weiteren Anstieg der Bevölkerung (Hansestadt Rostock, 2016, S. 23). Die Bürger des Stadtbereichs Stadtmitte zählen aufgrund des durchschnittlich monatlichen Nettoäquivalenzeinkommens von 2000 Euro und mehr zu den Einkommensreichsten in Rostock (Hanse- und Universitätsstadt Rostock, 2019, S. 48-49). Zudem bietet dieser Stadtteil einen hohen Anteil an Erwerbstätigen (Hanse- und Universitätsstadt Rostock, 2019, S. 44). Durch die zentrale Lage des Fitnessstudios ist dieses mit öffentlichen Verkehrsmitteln gut erreichbar. Bus- und Bahnhaltestellen (Neuer Markt, Rostock Speicher, Lange Straße) sind in unmittelbarer Nähe. Das Fitnessstudio verfügt über eine eigene Tiefgarage mit 50 Parkplätzen. Zusätzlich gibt es verschiedene Parkmöglichkeiten (WIRO-Parkhaus City, Parkplatz hinterm Rathaus usw.), die fußläufig vom Fitnessstudio zu erreichen sind. Geschäfte des täglichen Bedarfs, Ärzte, Physiotherapeuten, Apotheken und Krankenkassen sind ebenfalls nahe des Fitnessstudios vorzufinden.

Anmerkung der Redaktion: Dieses Bild wurde aus urheberrechtlichen Gründen entfernt.

Abb. 1: Standort mit Maßstab 200 Meter (Google Maps, 2021)

1.2 Beschreibung des Unternehmenstyps

Das Fitnessstudio, welches „Unit" heißen soll, legt besonderen Wert auf einen möglichst großen Nutzen und eine optimale Lösung für den Kunden. Der Name leitet sich aus dem Englischen ab und bedeutet Einheit (Dralle, 2011, S. 763). Die Wahl für diesen Namen wurde getroffen, da das Unit einen ganzheitlichen Trainingsansatz verfolgt und den Menschen demnach als eine Einheit betrachtet. Nachfolgend werden die strategischen Geschäftsfelder sowie die angebotenen Produkte und Dienstleistungen vorgestellt.

Tab. 1: Strategische Geschäftsfelder des Units (eigene Darstellung)

Strategische Geschäftsfelder	Produkte/Dienstleistungen
Mitgliedschaft	Aufgrund der weiten Verbreitung von Rückenschmerzen wird bei jeder Neuanmeldung sowie einmal monatlich ein Wirbelsäulenscreening und eine Muskeltonusmessung des Rückens durchgeführt, da 85 bis 90 Prozent der Rückenschmerzen muskulär bedingt sind (Leinmüller, 2008, S. 1657; Ohlendorf & Bundschuh, 2015, S. 167). Zudem erhält jedes Mitglied einen individuellen Ernährungs- und Trainingsplan. Der Ernährungsplan wird durch eine Ernährungsberaterin erstellt und einmal im Monat neuen Gegebenheiten angepasst. Dafür wird die Körperzusammensetzung gemessen und die (weitere) Zielsetzung mit dem Mitglied besprochen. Der Trainingsplan kann auf den Freiflächen zum eigenen Training genutzt werden. Dabei stehen Geräte für Cardio-, Kraft- und Functional Training zur Verfügung. Das Kursangebot ist vielfältig und bietet für jeden etwas an. Durch eine eigene Grünfläche können die Kurse bei entsprechendem Wetter auch als Outdoorkurse angeboten werden. Außerdem gibt es spezielle Seniorenkurse, zu denen sich ausschließlich Senioren anmelden dürfen. Weiterhin stehen den Mitgliedern der Wellness- und Spa-Bereich, welcher ein Schwimmbad, zwei Whirlpools, drei Saunen und zwei Kneippbecken bereithält, zur Verfügung. Das Schwimmbad wird ebenfalls für Aquakurse genutzt und ist dann für andere Mitglieder gesperrt, um ein effektives Training zu gewährleisten. Die Kosten für die Mitgliedschaft liegen bei 99 Euro pro Monat.
Massagen	Die Durchführung erfolgt durch staatlich anerkannte Masseure. Zuvor bucht sich das Mitglied ein bestimmtes Kontingent von 30, 45 oder 60 Minuten. Die Abrechnung erfolgt nach Zeit und nicht nach Leistung, wobei 30 Minuten 25 Euro kosten. Die Nutzung der Massagen bleibt Mitgliedern vorbehalten und soll den Trainingserfolg nachhaltig unterstützen.
Personal Training	Das Personal Training wird durch einen Personal Trainer mit A-Lizenz durchgeführt. Die Mitglieder werden während ihres Trainings zwar immer von Fachpersonal kontrolliert und unterstützt, allerdings steht der Trainer der gesamten Gruppe zur Verfügung. Das Personal Training soll eine Möglichkeit für diejenigen darstellen, die lieber für sich alleine trainieren und den Trainer nur für sich haben möchten. Dabei wird auch darauf eingegangen, was die gezielten Übungen bezwecken und welche Muskelgruppen angesprochen werden. Die Kosten liegen für Mitglieder bei 89 Euro pro Stunde. Nicht-Mitglieder zahlen 99 Euro pro Stunde und haben dadurch die Möglichkeit das Unit kennenzulernen.
Kochkurs	Die Ernährungsberaterin, welche auch die Ernährungspläne erstellt, führt den einmal wöchentlich stattfindenden Kochkurs durch. Dafür hat das Unit eine eigene Küche eingerichtet. In dem Kochkurs wird auch auf die einzelnen Lebensmittel und Ernährung eingegangen, um den Teilnehmern ein besseres Verständnis dafür mitzugeben. Durch den Kochkurs sollen außerdem die notwendigen Fertigkeiten für das Herstellen von ausgewogenen Gerichten beigebracht werden. Der Kochkurs lässt sich für 39 Euro für Mitglieder und für 59 Euro für Nicht-Mitglieder (beide Preise inklusive Lebensmittelzulage) buchen. Die Teilnehmeranzahl ist auf zehn Teilnehmer begrenzt, sodass diese sich im Vorfeld telefonisch oder online registrieren müssen.
Kinderbetreuung	Im Unit steht ein Betreuungsraum mit Spielzeug, Bällebad und Leseecken zur Verfügung. Im Außenbereich bietet ein abgetrennter Bereich Platz für Schaukeln und einen Sandkasten. Die ordnungsgemäße Betreuung wird durch eine staatlich anerkannte Erzieherin gewährleistet. Die Leistung ist nur für Mitglieder zubuchbar und kostet monatlich 19 Euro, wobei das Kind beliebig oft zur Betreuung abgegeben werden kann. Für Geschwisterkinder fallen keine zusätzlichen Kosten an. Das Unit legt Wert darauf, dass jeder das Beste aus seinem Körper rausholen kann. Mit der Kinderbetreuung möchte das Fitnessstudio auch Eltern die Möglichkeit dafür bieten.

Sowohl in den Kursen als auch für die Freiflächen soll es eine begrenzte Teilnehmeranzahl geben, damit durch den Trainer jederzeit ein effektives und richtiges Ausführen der Übungen gewährleistet und individuell auf die Trainierenden eingegangen werden kann. In den Kursen wird die Anzahl auf maximal zehn und auf den Freiflächen auf 20 Teilnehmer begrenzt. Die Mitglieder müssen sich deshalb zuvor entweder über die Homepage oder telefonisch für ihre gewünschte Uhrzeit registrieren.

2 Phase der strategischen Zielplanung

2.1 Unternehmerische Vision / Mission / Grundwerte

Tab. 2: Übersicht der unternehmerischen Vision, Mission und Grundwerte des Units (eigene Darstellung)

Unternehmerische Vision	Mission	Grundwerte
„Wir wollen europaweit führender Fitnessanbieter sein und Mitgliedern mit unserem Trainingskonzept dazu verhelfen, das Beste aus ihrem Körper rauszuholen."	„Wir verfolgen ein ganzheitliches Trainingskonzept, welches exakt auf dich und deine Bedürfnisse abgestimmt ist. Dabei wirst du immer von unserem kompetenten Fachpersonal begleitet und erfährst in kürzester Zeit mehr Fitness und Wohlbefinden."	Persönlich Gegenseitiger Respekt Freundlichkeit Höchste Qualität Begeisterung schaffen Gemeinsam Großes erreichen

Eine Unternehmensvision stellt ein Vorstellungsbild für die Zukunft eines Unternehmens dar, das wie ein Kompass die Richtung für das weitere unternehmerische Handeln vorgibt. Die Vision bleibt jahrzehntelang bestehen und dient dazu, dass die Mitarbeiter eine Orientierung haben und durch die aktive und kreative Mitwirkung an der Unternehmensentwicklung motiviert werden (Hecker, 2012, S. 45-47). In Zukunft möchte das Unit weitere Studios europaweit eröffnen, um auch dort das Trainingskonzept anzubieten und Mitgliedern bei ihrer individuellen Zielsetzung behilflich sein zu können.

Bei der Unternehmensmission handelt es sich um den Grundzweck der Unternehmung, die als zugehöriger Teil der Unternehmenskultur angesehen und regelmäßig überprüft werden muss. Sie definiert, was das Unternehmen darstellen und wem sie die Produkte bzw. Dienstleistungen anbieten möchte, indem sie die Fragen nach Kundenbedürfnissen, Kundengruppen und dem Kundennutzen beantwortet (Welge, Al-Laham & Eulerich, 2017, S. 203). Immer mehr Menschen betreiben ein aktives Gesundheitstraining, um die eigene Gesundheit und das Wohlbefinden zu fördern (Kamberovic et al., 2020, S. 8). Dazu möchte das Unit weiter beitragen, indem die Mitglieder beim individuellen Training immer von kompetentem Fachpersonal unterstützt werden und dadurch größtmögliche Erfolge in kürzester Zeit erfahren.

Weiterhin spielen Grundwerte oder auch Unternehmenswerte eine zentrale Rolle. Diese „tragen und prägen das Unternehmen als soziales System, das sich mit seinen Werten seine eigene Wirklichkeit schafft" (Glauner, 2013, S. 14). Sie dienen als treibende Kräfte für die weitere Unternehmensentwicklung und legen fest, wie im Unternehmen gehandelt werden soll (Glauner, 2013, S. 14). Das Unit macht durch seine Grundwerte deutlich, dass es großen Wert auf einen positiven Umgang mit den Stakeholdern legt. Um gemeinsam Großes zu erreichen, Begeisterung zu schaffen und höchste Qualität zu bieten, ist ein freundliches, respektvolles und persönliches Miteinander unerlässlich.

2.2 Strategische Zielplanung

Ziele legen die langfristige Entwicklung eines Unternehmens fest und werden für die Strategieplanung benötigt, um dieser eine Ausrichtung und Orientierung zu geben (Welge, Al-Laham & Eulerich, 2017, S. 207). Aufgrund der vorher formulierten Vision, Mission und den Grundwerten setzt sich das Unit folgende Ziele:

Tab. 3: Strategische Ziele des Units (eigene Darstellung)

	Ziele
1	Aufbau eines Kooperationsnetzwerkes: Gewinn von sieben Kooperationspartnern regional und überregional (Ärzte, Physiotherapeuten, Krankenkassen, Apotheken und Vereinen) bis zum 31.12.2025.
2	Weiterer Aufbau von kompetentem Fachpersonal: Einstellung eines Sportmediziners und Sportpsychologen bis Anfang erstes Quartal 2025
3	Aufbau des Abnehmervolumens: Gewinn von 5000 Mitgliedern bis zum 31.03.2025.
4	Vergrößerung des Marktanteils: Expansion in drei weitere deutsche Großstädte und zwei europäische Länder bis Anfang viertes Quartal in zehn Jahren.

2.3 Branchenvergleich

Das Unit möchte sich auf dem Markt etablieren und strebt in Zukunft eine Expansion in weitere europäische Länder an. Damit dieses Vorhaben realisiert werden kann, muss es

6

andere Fitnessstudios aus dem Premium-Segment kennen, um sich gegen diese durchzusetzen. Nachfolgende Tabelle stellt die Vision, Mission und Grundwerte dreier überregionaler Wettbewerber gegenüber.

Tab. 4: Vision, Mission und Grundwerte im Branchenvergleich (eigene Darstellung)

Fitnessstudio	Vision	Mission	Grundwerte
Unit	„Wir wollen europaweit führender Fitnessanbieter sein und Mitgliedern mit unserem Trainingskonzept dazu verhelfen, das Beste aus ihrem Körper rauszuholen."	„Wir verfolgen ein ganzheitliches Trainingskonzept, welches exakt auf dich und deine Bedürfnisse abgestimmt ist. Dabei wirst du immer von unserem kompetenten Fachpersonal begleitet und erfährst in kürzester Zeit mehr Fitness und Wohlbefinden."	„Persönlich" „Gegenseitiger Respekt" „Freundlichkeit" „Höchste Qualität" „Begeisterung schaffen" „Gemeinsam Großes erreichen"
Fitness First	„Wir möchten unseren [sic] Mitgliedern in Deutschland dazu motivieren, ihre Fitness zu steigern, ihre Gesundheit zu verbessern und sich rundum wohl zu fühlen – und das ganz unabhängig von Alter, Figur oder Trainingsstand" (Fitness First, 2020a).	„Fitness First unterstützt dich, weiter zu kommen, mehr aus deinem Leben herauszuholen – mit der richtigen Balance aus Training, Ernährung und Inspiration" (Fitness First, 2020b).	„win together" „aim higher" „own it" „we care" „love what we do" (Fitness First, 2020b)
Fitness Forum	„Unsere Visionen beschreiben die täglichen Tätigkeiten eines jeden Mitarbeiters und sämtliche Aufgaben zur Erreichung der von uns gesetzten Ziele" (Fitness Forum, 2021).	„Unsere Mission erklärt unsere Absicht als Unternehmen den Ansprüchen unsere Kunden und unseren eigenen Ansprüchen jeden Tag aufs Neue gerecht zu werden. Unser Wunsch ist es mit unserem Leitbild den Vorstellungen von Ihnen, unseren Kunden, gerecht zu werden" (Fitness Forum, 2021).	Werte der Kunden und Kollegen: „Freundlichkeit" „Aufmerksamkeit" „Zuverlässigkeit" „Teamfähigkeit" „Fachkompetenz" „Vertrauen" Werte der Unternehmensführung: „Gegenseitiger Respekt" „Übernahme von Verantwortung" „Ständige Fortbildung" „Kundenorientierung" „Sauberes Erscheinungsbild" (Fitness Forum, 2021)
aktiv fitnessclub	„Wir möchten mit unseren aktiv fitnessclubs in der Region erster Ansprechpartner in Sachen Fitness und Gesundheit sein" (aktiv fitnessclub, o. J.).	„Unsere Mission ist es, durch gezieltes Fitnesstraining stark, selbstbewusst und glücklich zu machen. Unsere Kompetenz zeichnet sich durch die Professionalität aller Mitarbeiter und die Qualität unserer Dienstleistung aus. Hohe Trainings- und Servicestandards in Verbindung mit einer motivierenden, modernen Atmosphäre sind unser Markenzeichen" (aktiv fitnessclub, o. J.).	„Transparenz" „Vertrauen" „Innovation" (aktiv fitnessclub, o. J.)

Ein Vergleich der überregionalen Wettbewerber macht deutlich, dass alle auf mehr Fitness, Gesundheit und Wohlbefinden der Mitglieder abzielen. Dabei wollen sie diesen stets höchste Qualität bieten. Die Visionen unterscheiden sich hinsichtlich ihrer Reichweite. Fitness First möchte Mitgliedern deutschlandweit zu einer Fitnesssteigerung und Verbesserung der Gesundheit verhelfen (Fitness First, 2020a). Der aktiv fitnessclub strebt an, erster Ansprechpartner in Sachen Fitness und Gesundheit in der Region zu sein (aktiv fitnessclub, o. J.). Lediglich das Unit möchte sich nicht ausschließlich auf ein Land oder eine Region beschränken, sondern setzt sich eine Expansion in weitere europäische Länder als großes Ziel. Die Grundwerte der einzelnen Fitnessstudios sind sehr ähnlich zueinander. Das Fitness Forum unterscheidet in zwei Arten von Werten. Dabei werden die Werte zunächst danach definiert, „was unsere Kunden einerseits, die Kollegen/innen untereinander und schließlich wir für und von uns selbst erwarten" (Fitness Forum, 2021). Andererseits werden auch die Werte aus Sicht der Unternehmensführung berücksichtigt (Fitness Forum, 2021). Diese Unterscheidung wurde sonst von keinem der oben aufgeführten Mitbewerber, auch nicht vom Unit, vorgenommen.

Durch den Branchenvergleich wird deutlich, dass sich die Fitnessstudios in ihrer Vision, Mission und Grundwerte sehr ähneln. Daraus lässt sich ableiten, dass Strategien entwickelt werden müssen, die es ermöglichen sich von der Konkurrenz abzuheben und den Kunden einen deutlichen Mehrwert zu bieten, um sich langfristig auf dem Markt behaupten zu können.

3 Phase der strategischen Analyse und Prognose

3.1 Branchenstrukturanalyse

Nach Porter (2008, S. 2) besteht nicht nur ein Wettbewerb zwischen bekannten Konkurrenten aus der Branche, sondern geht darüber hinaus. So gilt es ebenfalls vier weitere wettbewerbsfähige Kräfte zu berücksichtigen: die Käufermacht, Lieferantenmacht, Bedrohung durch neue Wettbewerber und Bedrohung durch Ersatzprodukte. Durch die erweiterte Konkurrenz, die aus den fünf Kräften einhergeht, wird die Branchenstruktur bestimmt und das Wesen der Wettbewerbsinteraktion innerhalb der Branche geformt (Porter, 2008, S. 2). Nachfolgend wird die Branchenstrukturanalyse auf Grundlage der fünf Kräfte für das Unit durchgeführt.

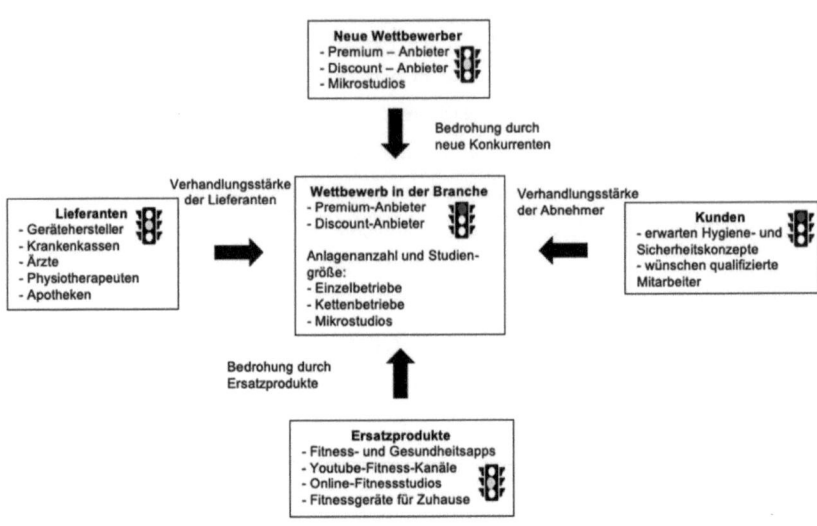

Abb. 2: Branchenstrukturanalyse für das Unit (modifiziert nach Porter, 2008, S. 4)

Aus der vorliegenden Abbildung wird deutlich, dass das Unit einem hohen Wettbewerb ausgesetzt ist. Die rote Ampel steht für eine hohe Bedrohung, die gelbe Ampel bedeutet, dass die Bedrohung als moderat betrachtet wird. Eine genaue Begründung zu den einzelnen Mächten ist in der nachfolgenden Tabelle dargestellt.

Tab. 5: Begründung der fünf Kräfte (eigene Darstellung)

Wettbewerb in der Branche	Trotz der Corona-Krise konnten EMS-Studios, die sich den Mikrostudios zuordnen lassen, ein Anlagenwachstum verzeichnen. Vor allem Kettenbetriebe sind von weniger Unsicherheiten in der Corona-Krise geprägt (Kamberovic et al., 2021, S. 9). Außerdem konnte auch hier während der Corona-Krise ein leichtes Anlagenwachstum verzeichnet werden (Kamberovic et al., 2021, S. 18). Aufgrund dessen wird der Wettbewerb in der Branche als hoch angesehen.
Kundenmacht	Durch die vergleichsweise wenigen Einwohner in Rostock ist das Abnehmervolumen gering und sie besitzen somit eine hohe Verhandlungsstärke (Statistisches Bundesamt, 2020; zitiert nach Statista, 2021). Es werden qualifizierte Mitarbeiter und Hygienekonzepte seitens der Kunden gefordert (Kamberovic et al., 2021, S. 28). Infolgedessen ist das Fitnessstudio gezwungen, hohe Investitionen für Hygiene- und Weiterbildungsmaßnahmen zu tätigen, um sich bei dem geringen Abnehmervolumen durchsetzen zu können.
Lieferantenmacht	Durch die Corona-Krise sind aufgrund der hohen Nachfrage die Preise für Fitnessgeräte im Jahresdurchschnitt 2020 um 7,9 % im Vergleich zum Vorjahr gestiegen (Statistisches Bundesamt, 2021). Aufgrund der Tatsache,

9

	dass der Lockdown bis April verlängert wurde, könnten die Gerätehersteller weiterhin ein höheres Auftragsvolumen haben. Zeitgleich herrscht eine hohe Lieferantenkonzentration seitens der Krankenkassen, Ärzten, Physiotherapeuten und Apotheken, sodass das Unit nicht auf einzelne Lieferanten beschränkt ist, sondern Auswahlmöglichkeiten hat. Unter Einbeziehung beider möglicher Lieferantenarten lässt sich die Verhandlungsstärke insgesamt als moderat betrachten.
Bedrohung durch neue Wettbewerber	Neue Wettbewerber müssen zunächst hohe Investitionen für Hygiene- und Sicherheitskonzepte tätigen. Weiterhin fordern die Kunden qualifizierte Mitarbeiter. Durch die Corona-Krise ist außerdem ein Ausbau auf digitale Angebote deutlich geworden, der ebenfalls hohe Kosten nach sich zieht. Allerdings sind diese drei Bausteine essentiell, um sich in dieser Branche behaupten zu können. Trotz der Corona-Krise wird angenommen, dass die Fitnessbranche zukünftig weiter wachsen wird, da viele Menschen einen aktiven Lebensstil verfolgen (Kamberovic et al., 2021, S. 8-11). Allerdings sind viele Mitglieder vertraglich an ihr Fitnessstudio gebunden, was den Eintritt neuer Konkurrenten ebenfalls erschwert. Aufgrund der hohen Investitionskosten und der vertraglichen Bindung, aber gleichzeitig dem prognostizierten Branchenwachstum wird die Bedrohung durch neue Wettbewerber als moderat eingeschätzt.
Bedrohung durch Ersatzprodukte	Aufgrund der Corona-Krise konnte der Fitnessanbieter Peloton im Vergleich zum ersten Quartal 2020 über das dreifache an Abonnenten generieren (Peloton, 2021; zitiert nach Statista, 2021). Weiterhin gibt es mittlerweile eine Vielzahl an Gesundheits- und Fitnessapps, deren Nutzung auch von Krankenkassen finanziert werden (BARMER, 2021). Online-Sportangebote werden vor allem von jungen Leuten genutzt (Institut für Generationenforschung, 2021; zitiert nach Statista, 2021). Trotzdem wird bei der Mehrheit von Befragten deutlich, dass diese kein Interesse an virtuellen Sportkursen während des Lockdowns haben (YouGov & Statista, 2021). Zudem zeigten sich 82,0 % der Mitglieder während der Corona-Pandemie sehr solidarisch ihrem Fitnessstudio gegenüber und zahlten trotz Schließungen ihre Mitgliedsbeiträge, um künftig weiterhin dort trainieren zu können (Kamberovic et al., 2021, S. 11). Aufgrund der aufgezeigten Punkte wird die Bedrohung durch Ersatzprodukte als moderat eingestuft. Es könnte sich bei oben genannten Produkten vielmehr um Ergänzungs- anstatt Ersatzprodukte handeln.

3.2 SWOT-Analyse

Bei einer SWOT-Analyse wird eine interne Analyse (Unternehmensanalyse) der Stärken (Strengths) und Schwächen (Weaknesses) und eine externe Analyse (Umweltanalyse) der Chancen (Opportunities) und Risiken (Threats) durchgeführt. Bei der internen Analyse müssen zur Bestimmung der Stärken und Schwächen verschiedene Perspektiven eingenommen werden. Die externe Analyse ermittelt mit welchen Chancen und Risiken ein Unternehmen in einem bestimmten Marktumfeld konfrontiert wird (Schawel & Billing, 2018, S. 331-332). Die nachfolgende Tabelle stellt die interne und externe Analyse für das Unit dar, welche im Anschluss erläutert wird.

Tab. 6: Unternehmens- und Umweltanalyse des Units (eigene Darstellung)

Stärken (Strengths)	Schwächen (Weaknesses)	Chancen (Opportunities)	Risiken (Threats)
Individuelles, ganzheitliches Trainingskonzept (S1)	Kein Bekanntheitsgrad (W1)	Digitalisierung (O1)	Konkurrenz durch günstigere Anbieter (T1)
Hochqualifiziertes Personal (S2)	Hohe Mitgliedspreise (W2)	Wachsendes Gesundheitsbewusstsein (O2)	Mögliches Ausbleiben von Neuanmeldungen durch Corona-Krise (T2)

Als Stärke des Units wird das individuelle, ganzheitliche Trainingskonzept betrachtet. Durch die individuelle und ganzheitliche Betrachtung jedes Kunden können in kürzester Zeit größtmögliche Erfolge erzielt werden. Weiterhin gilt das hochqualifizierte Personal als Stärke des Units. Das Unit verfügt ausschließlich über Trainer, die eine A-Lizenz besitzen und eine Ernährungsberaterin (Bachelor of Arts), welche ebenfalls den Zertifikatslehrgang „Ernährungsberater*in/DGE" absolviert hat. Für eine optimale Umsetzung eines Hygiene- und Sicherheitskonzepts sorgt eine Hygienebeauftragte. Eine Schwäche des Units ist, dass es noch keinen Bekanntheitsgrad besitzt. Das Unit muss erst bekannt werden und sich auf dem Markt etablieren. Weiterhin sind die hohen Mitgliedspreise als Schwäche anzusehen. Das Unit bietet zwar viele Leistungen und hochqualifiziertes Personal, dies spiegelt sich allerdings auch in den Mitgliedspreisen wider und könnte Neukunden möglicherweise abschrecken. Mithilfe des hochqualifizierten Personals lässt sich die Digitalisierung als Chance nutzen. Diese wird ein immer größerer Teil unserer Gesellschaft (Kamberovic et al., 2021, S. 11). Durch ein Angebot von Online-Sportkursen, welche vor allem von jungen Leuten genutzt werden, kann die Zielgruppe erweitert und mehr Flexibilität für die Kunden geschaffen werden (Institut für Generationenforschung, 2021; zitiert nach Statista, 2021). Eine weitere Chance stellt das wachsende Gesundheitsbewusstsein dar, welches durch das individuelle, ganzheitliche Trainingskonzept angesprochen wird (Bundesministerium für Gesundheit [BMG], 2019). Die weitere Verbreitung von Discount-Anbietern stellt ein Risiko für das Unit dar. Durch die Corona-Krise und die damit verbundenen angeordneten Schließungen der Fitnessstudios sind die Mitgliederzahlen gesunken (Kamberovic et al., 2021, S. 9). Viele Haushalte haben sich eigene Fitnessgeräte gekauft, um Zuhause die Möglichkeit zu haben, trainieren zu können. Es ist denkbar, dass diese auch bei Wiedereröffnung der Studios weiterhin von Zuhause trainieren und dadurch Neuanmeldungen ausbleiben. Beide genannten Risiken gilt es zu reduzieren, was durch Kooperationen und einer Probewoche ermöglicht werden soll. Die nachfolgende SWOT-Matrix stellt Strategien für eine weitere Vorgehensweise dar.

		Chancen (Opportunities)	Risiken (Threats)
	SWOT- Matrix	- Digitalisierung (O1) - Wachsendes Gesundheitsbewusstsein (O2)	- Konkurrenz durch günstigere Anbieter (T1) - Mögliches Ausbleiben von Neuanmeldungen durch Corona-Krise (T2)
Interne Analyse	**Stärken (Strengths)** - Individuelles, ganzheitliches Trainingskonzept (S1)	**S-O-Strategien:** 1. Durch gezieltes Marketing für das Trainingskonzept kann das wachsende Gesundheitsbewusstsein angesprochen werden (S1/O2)	**S-T-Strategien:** 1. Durch Firmenkooperationen können die Kunden von dem individuellen, ganzheitlichen Trainingskonzept zu günstigeren Konditionen profitieren (S1/T1)
	- Hochqualifiziertes Personal (S2)	2. Digitale Livekurse sollen Training von Zuhause aus unter professioneller Anleitung ermöglichen (S2/O1)	2. Eine kostenlose Trainingswoche soll den Mehrwert von hochqualifiziertem Personal deutlich machen, die Homeworkouts nicht bieten (S2/T2)
	Schwächen (Weaknesses) - Kein Bekanntheitsgrad (W1)	**W-O-Strategien:** 1. Durch die Nutzung verschiedener Social Media Kanälen soll an Bekanntheitsgrad gewonnen werden (W1/O1)	**W-T-Strategien:** 1. Kooperationen mit Ärzten, Physiotherapeuten und Apotheken sollen Bekanntheitsgrad erweitern und Neuanmeldungen fördern (W1/T2)
	- Hohe Mitgliedspreise (W2)	2. Angebot eines Studentenrabatts soll auch das wachsende Gesundheitsbewusstsein in dieser Altersgruppe ansprechen (W2/O2)	2. Angebote von Präventionskursen nach § 20 Abs. 1 SGB V, die von der Krankenkasse übernommen werden, sollen auch für preisorientierte Kunden eine Möglichkeit bieten (W2/T1)

Abb. 3: SWOT-Matrix des Units (eigene Darstellung)

3.3 Zielplanung

Die zuvor gesetzten Ziele, die zur Erfüllung der Vision beitragen sollen, sind auch auf Grundlage der Analysen realisierbar. Wichtig sind dabei vor allem die Kooperationen mit verschiedenen Anbietern, um an Bekanntheit zu gewinnen und den ganzheitlichen Ansatz auszuweiten. Die Einstellung eines Sportmediziners und -psychologen steigert die Differenzierung zu anderen Anbietern, den Kundennutzen und ermöglicht dadurch ein schnelleres Wachstum des Units.

4 Phase der Strategieformulierung

4.1 Strategieformulierung

Auf der Unternehmensebene wird sich mit einer optimalen strategischen Ausrichtung für das gesamte Unternehmen beschäftigt (Hungenberg, 2014, S. 375). Das Unit hat sich als langfristiges Ziel gesetzt, das einzigartige Trainingskonzept europaweit anzubieten. Demnach verfolgt es eine Wachstumsstrategie. Eine Strukturierung der möglichen Wachstumsstrategien bietet die Ansoff-Matrix an. Abhängig von vorhandenen oder neuen Märkten und Produkten wird in vier Produkt-Markt-Strategien differenziert (Thommen et al., 2020, S. 603). Das Unit verfolgt primär die Strategie der Marktdurchdringung. Durch das vielfältige Leistungsangebot soll dafür gesorgt werden, dass künftig neue Mitglieder generiert und dadurch das Abnehmervolumen erhöht wird.

Auf der Geschäftsbereichsebene geht es darum, festzulegen wie in einem bestimmten Geschäftsfeld vorgegangen werden soll, damit es sich langfristig erfolgreich im Wettbewerb behaupten kann (Hungenberg, 2014, S. 73). Dabei kann in drei Wettbewerbsstrategien differenziert werden: Die Kostenführerschaft, Differenzierungs- und Nischenstrategie (Thommen et al., 2020, S. 604). Mithilfe der Differenzierungsstrategie kann sich das Unit von anderen Unternehmen abgrenzen. Für eine Differenzierung wird ein Alleinstellungsmerkmal benötigt, um sich von der Konkurrenz abzuheben und Kunden zu gewinnen bzw. zu halten (Hermanni, 2016, S. 5). Das Alleinstellungsmerkmal des Units wird im folgenden Unterkapitel erläutert.

4.2 Blue Ocean-Strategie

Der Markt kann in zwei Arten von Ozeanen eingeteilt werden: dem roten und dem blauen Ozean. Rote Ozeane stellen alle heutzutage existierende Branchen dar und sind somit der bekannte Marktbereich. Es wird versucht die Konkurrenz zu übertreffen und einen größeren Anteil der vorhandenen Nachfrage abzugreifen (Kim & Mauborgne, 2005, S. 106). Durch hohe Kosten für eine Differenzierung müssen sich Firmen entweder für einen größeren Kundennutzen und höhere Kosten oder einem akzeptablen Kundennutzen und geringere Kosten entscheiden (Kim & Mauborgne, 2005, S. 108). Blaue Ozeane hingegen stellen einen neuen Marktbereich dar, in dem es keinen relevanten Wettbewerb gibt, da noch keine Spielregeln existieren (Kim & Mauborgne, 2005, S. 106). Dadurch ist es möglich die Kosten gering zu halten und gleichzeitig den Kundennutzen zu erhöhen (Kim & Mauborgne, 2005, S. 109).

Mithilfe der Wim Hof Methode möchte das Unit einen blauen Ozean schaffen. Die Methode besteht aus einer Kombination von drei Komponenten: Atemübungen, Konzentrationstraining und Kältetherapie (Hof, 2015, S. 6). Durch die Interaktion dieser drei Elemente können größtmögliche Leistungen erzielt werden. Ein starkes Mindset ist wichtig, um die erforderliche Konzentration und die Fokussierung zu erreichen. Dadurch können die Techniken, auch in extremen Situationen, richtig ausgeführt werden. Die Atemtechnik sorgt für eine Aktivierung verschiedener physiologischer Reaktionen und eine Stärkung des Körpers. Durch Kälteeinwirkung, wie beispielsweise durch Eis, werden die physiologischen Effekte noch verstärkt (Hof, 2015, S. 19). Die Methode hilft bei diversen Erkrankungen und sorgt für eine bessere körperliche Leistung (Hof, 2015, S. 26). Das Unit verfolgt einen ganzheitlichen Trainingsansatz und legt deshalb großen Wert auf die Berücksichtigung von Körper und Psyche. Derzeit gibt es, neben dem zertifizierten Instruktor im Unit, europaweit 158 zertifizierte Ausbilder der Wim Hof Methode, davon 23 in Deutschland (Wim Hof Method, 2021). In ganz Europa gibt es derzeit kein anderes Fitnessstudio, welches einen Instruktor der Wim Hof Methode angestellt hat. Die Kurse sind ebenfalls in der Mitgliedschaft inkludiert und sollen den Kundennutzen weiter erhöhen.

5 Personalmanagement

5.1 Führungsverhalten

Nach Goleman (2000, S. 78) gibt es sechs Leadership Styles. Erfolgreiche Führungskräfte vertrauen nicht nur auf einen einzigen Leadership Style, sondern wenden diese situationsabhängig an (Goleman, 2000, S. 78 – 80). In einer Krise oder bei schwierigen Mitarbeitern ist der direktive Stil sinnvoll, welcher ein sofortiges Befolgen der Anweisung fordert. Der visionäre Stil bewegt die Leute zu einer Vision hin und wird verwendet, wenn eine klare Richtung vorgegeben werden soll (Goleman, 2000, S. 82). Das Unit verfolgt die Vision europaweit das Trainingskonzept anzubieten, wodurch der visionäre Stil unverzichtbar ist. In einem Fitnessstudio kann es zu belastenden Situationen kommen, welche einen affiliativen Stil erforderlich machen, um Harmonie und emotionale Bindungen zu fördern. Mithilfe des partizipativen Stils wird durch Mitbeteiligung der Mitarbeiter für Engagement und Konsens gesorgt. Werden schnelle Ergebnisse von einem hochmotivierten und kompetenten Team erwartet, wird der pacesetting Stil benötigt. Sollen Mitarbeiter ihre Leistungen verbessern oder langfristige Stärke entwickeln, wird der coachende Stil erwartet (Goleman, 2000, S. 83). Vor allem in der Fitnessbranche ist es wichtig sich stetig weiterzuentwickeln, um den Marktherausforderungen gerecht werden zu können (Kamberovic et al., 2021, S. 11). Von einer zukünftigen Führungskraft wird erwartet, dass sich diese schnell und angemessen an die vorherrschenden Gegebenheiten anpassen und auf die verschiedenen Leadership Styles zurückgreifen kann. Diese gehen aus verschiedenen Komponenten der emotionalen Intelligenz hervor, weshalb die Führungskraft ein hohes Maß an emotionaler Intelligenz besitzen sollte (Goleman, 2000, S. 78). Neben der erwähnten emotionalen Intelligenz sollten nach Hermanni (2016, S. 89) Pioniergeist, Ideenreichtum, Integrität, Risikofreude, Selbstvertrauen, Disziplin und Leistungswille bei einer zukünftigen Führungskraft vorhanden sein. Die genannten Eigenschaften sind relevant, um sich gegen die Konkurrenz behaupten und der Vision des Units näher kommen zu können.

5.2 Recruiting

Damit eine geeignete Führungskraft für das Unit eingestellt werden kann, wird zunächst eine entsprechende Stellenanzeige geschaltet, die die notwendigen Qualifikationen beinhaltet. Durch diese findet bereits im Vorfeld eine Selektion statt (Holtbrügge, 2018, S. 115). Aufgrund der Neugründung kann die Stellenanzeige nur extern erfolgen. Im weiteren Prozess der Bewerberauswahl wird auf die Methode des Assessment Centers zurückgegriffen, da dieses eine hohe Prognosevalidität besitzt (Holtbrügge, S. 2018, S. 139). Bei einem Assessment Center handelt es sich um eine Kombination verschiedener Testverfahren unter Einbeziehung verschiedener Beurteiler. Im Rahmen des Assessment Centers sollen analytisch-konzeptionelle Übungen, Gruppendiskussionen, Rollen- und Unternehmensplanspiele erfolgen (Holtbrügge, 2018, S. 136). Wie bereits in Kapitel 5.1 erwähnt, wird von der zukünftigen Führungskraft ein schnelles Anpassen der unterschiedlichen Leadership Styles erwartet. Durch die analytisch-konzeptionellen Übungen sollen das Analyse-, Entscheidungs- und Delegationsverhalten unter Zeitdruck eingeschätzt werden. Die Gruppendiskussionen sollen zum einen das Einfühlungs- und Überzeugungsvermögen und zum anderen die soziale Kompetenz bewerten. Rollen- und Unternehmensplanspiele machen neben dem Problemlösungs- und Entscheidungsverhalten auch die Teamfähigkeit des Bewerbers deutlich und zeigen, ob die zukünftige Führungskraft der großen Herausforderung gewachsen ist (Holtbrügge, 2018, S. 136). Es wird auch deutlich, ob die zukünftige Führungskraft ausreichende Ideen, Disziplin und Risikobereitschaft mitbringt, um sich gegen die Konkurrenz durchsetzen zu können.

6 Literaturverzeichnis

aktiv fitnessclub (aktiv management GmbH, Hrsg.). (o. J.). *Vision und Werte.* Zugriff am 13.03.2021. Verfügbar unter https://www.fitnessclub-aktiv.de/ueber-uns/vision-und-werte.html

BARMER. (2021). *Die BARMER Apps und weitere digitale Angebote für Ihre Gesundheit.* Zugriff am 19.03.2021. Verfügbar unter https://www.barmer.de/unsere-leistungen/apps-skills

Bundesministerium für Gesundheit [BMG]. (2019). *Gesundheitswirtschaft im Überblick.* Zugriff am 30.03.2021. Verfügbar unter https://www.bundesgesundheitsministerium.de/themen/gesundheitswesen/gesundheitswirtschaft/gesundheitswirtschaft-im-ueberblick.html

Dralle, A. (2011). *PONS Schülerwörterbuch. Klausurausgabe. Englisch.* Stuttgart: PONS GmbH.

Fitness First (Fitness First Germany GmbH, Hrsg.). (2020a). *Wer wir sind.* Zugriff am 09.03.2021. Verfügbar unter https://www.fitnessfirst.de/wer-wir-sind

Fitness First (Fitness First Germany GmbH, Hrsg.). (2020b). *Lerne uns kennen.* Zugriff am 09.03.2021. Verfügbar unter https://www.fitnessfirst.de/karriere/arbeitgeber#3038410193-3618492950

Fitness Forum (Fitness Forum GmbH & CO. KG, Hrsg.). (2021). *Unser Leitbild.* Zugriff am 13.03.2021. Verfügbar unter https://www.fitnessforum-stuttgart.de/über-uns/unser-leitbild

Glauner, F. (2013). *CSR und Wertecockpits. Mess- und Steuerungssysteme der Unternehmenskultur.* Berlin: Springer Gabler.

Goleman, D. (2000). Leadership that gets results. *Harvard Business Review*, (März-April), 78-90.

Google Maps. (Google LLC, Hrsg.). (2021). *Große Mönchenstraße 1, Rostock.* Zugriff am 30.03.2021. Verfügbar unter https://www.google.de/maps/place/Große+Mönchenstraße+1,+18055+Rostock/@54.090146,12.1319579,15z/data=!3m1!4b1!4m5!3m4!1s0x47ac57561a792701:0x15573b3c07b54d69!8m2!3d54.0901337!4d12.1407127

Hansestadt Rostock (Hrsg.). (2016). *Statistische Nachrichten. Bevölkerungsprognose bis 2035.* Zugriff am 06.03.2021. Verfügbar unter https://rathaus.rostock.de/sixcms/media.php/rostock_01.a.396.de/datei/Bevölkerungsprognose%20bis%202035.pdf

Hanse- und Universitätsstadt Rostock. (Hrsg.). (2019). *Statistische Nachrichten. Umfrage zu den Themen Jugend, Soziales, Sport, Gesundheit und Bildung 2019.* Zugriff am 06.03.2021. Verfügbar unter https://rathaus.rostock.de/media/rostock_01.a.4984.de/datei/KBU%202019.pdf

Hecker, F. (2012). *Management-Philosophie. Strategien für die Unternehmensführung. Grundregeln für ein erfolgreiches Management.* Wiesbaden: Springer Gabler.

Hermanni, A.–J. (2016). *Business Guide für strategisches Management. 50 Tools zum geschäftlichen Erfolg.* Wiesbaden: Springer Gabler.

Hof, I. (2015). *Innerfire. Extraordinary in everyone. Wim Hof Method. Explanation.* Zugriff am 30.03.2021. Verfügbar unter https://de.scribd.com/document/277480752/Wim-Hof-Method-Revealed

Holtbrügge, D. (2018). *Personalmanagement* (7., überarbeitete und erweiterte Auflage). Berlin: Springer Gabler.

Hungenberg, H. (2014). *Strategisches Management in Unternehmen. Ziele – Prozesse – Verfahren* (8., aktualisierte Auflage). Wiesbaden: Springer Gabler.

Institut für Generationenforschung (3. Februar, 2021). Nutzung von Online-Sportangeboten in der DACH-Region während der Corona-Pandemie 2020/2021 nach Generationen [Graph]. In *Statista.* Zugriff am 19. März 2021, von https://de.statista.com/statistik/daten/studie/1201676/umfrage/corona-pandemie-belegung-von-online-sport-kursen/

Kamberovic, R., Kündgen, F., Fütterer, S., Hollasch, K., Ludwig, S., Rump, C. et al. (2020). *Eckdaten der deutschen Fitness-Wirtschaft 2020.* Hamburg: DSSV.

Kamberovic, R., Kündgen, F., Fütterer, S., Hollasch, K., Ludwig, S., Rump, C. et al. (2021). *Eckdaten der deutschen Fitness-Wirtschaft 2021.* Hamburg: DSSV.

Kim, W. C. & Mauborgne, R. (2005). Blue ocean strategy: from theory to practice. *California management review, 47* (3), 105-121.

Leinmüller, R. (2008). Rückenschmerzen: Der größte Teil ist myofaszial bedingt. *Deutsches Ärzteblatt, 105* (31-32), 1657-1658.

Ohlendorf, D. & Bundschuh, M. (2015). Rückenschmerzen. Prävention in der Arbeitsmedizin. *Zentralblatt für Arbeitsmedizin, Arbeitsschutz und Ergonomie, 3* (65), 167-168.

Peloton. (4. Februar, 2021). Anzahl der Abonnenten des Fitnessanbieters Peloton weltweit vom 1. Quartal 2019 bis zum 2. Quartal 2021 (in 1.000) [Graph]. In *Statista*. Zugriff am 19. März 2021, von https://de.statista.com/statistik/daten/studie/1218505/umfrage/abonnenten-von-peloton-quartalszahlen/

Porter, M. E. (2008). The five competitive forces that shape strategy. *Harvard Business Review*. 1-17.

Schawel, C. & Billing, F. (2018). *Top 100 Management Tools* (6. Auflage). Wiesbaden: Springer Gabler.

Statistisches Bundesamt. (15. September, 2020). Einwohnerzahl der größten Städte in Deutschland am 31. Dezember 2019 [Graph]. In *Statista*. Zugriff am 19. März 2021, von https://de.statista.com/statistik/daten/studie/1353/umfrage/einwohnerzahlen-der-grossstaedte-deutschlands/#professional

Statistisches Bundesamt. (2021). *Fitnessgeräte im Dezember 2020 um 13,1 % teurer als im Vorjahresmonat*. Zugriff am 19.03.2021. Verfügbar unter https://www.destatis.de/DE/Presse/Pressemitteilungen/Zahl-der-Woche/2021/PD21_03_p002.html

Thommen, J.-P., Achleitner, A.-K., Gilbert, D. U., Hachmeister, D., Jarchow, S., Kaiser, G. (2020). *Allgemeine Betriebswirtschaftslehre. Umfassende Einführung aus managementorientierter Sicht* (9., vollständig überarbeitete Auflage). Wiesbaden: Springer Gabler.

Welge, M. K., Al-Laham, A. & Eulerich, M. (2017). *Strategisches Management. Grundlagen – Prozess – Implementierung* (7., überarbeitete und aktualisierte Auflage). Wiesbaden: Springer Gabler.

Wim Hof Method (Innerfire BV, Hrsg.). (2021). *Instructors – Europe*. Zugriff am 16.03.2021. Verfügbar unter https://www.wimhofmethod.com/wim-hof-method-instructors-europe

YouGov & Statista (20. Januar, 2021). Anteil der Befragten, der während des coronabedingten Lockdowns im Januar 2021 folgende virtuelle Sportkurse belegen möchten: [Graph]. In *Statista*. Zugriff am 19. März 2021, von https://de.statista.com/statistik/daten/studie/1198951/umfrage/corona-lockdown-interesse-an-online-fitness/

7   Abbildungs- und Tabellenverzeichnis

7.1 Abbildungsverzeichnis

Abb. 1: Standort mit Maßstab 200 Meter (Google Maps, 2021)............................3

Abb. 2: Branchenstrukturanalyse für das Unit (modifiziert nach Porter, 2008, S. 4)........9

Abb. 3: SWOT-Matrix des Units (eigene Darstellung).....................................12

7.2 Tabellenverzeichnis

Tab. 1: Strategische Geschäftsfelder des Units (eigene Darstellung)........................4

Tab. 2: Übersicht der unternehmerischen Vision, Mission und Grundwerte des Units (eigene Darstellung)...5

Tab. 3: Strategische Ziele des Units (eigene Darstellung)...................................6

Tab. 4: Vision, Mission und Grundwerte im Branchenvergleich (eigene Darstellung)....7

Tab. 5: Begründung der fünf Kräfte (eigene Darstellung)....................................9

Tab. 6: Unternehmens- und Umweltanalyse des Units (eigene Darstellung).............11

BEI GRIN MACHT SICH IHR WISSEN BEZAHLT

- Wir veröffentlichen Ihre Hausarbeit,
  Bachelor- und Masterarbeit

- Ihr eigenes eBook und Buch -
  weltweit in allen wichtigen Shops

- Verdienen Sie an jedem Verkauf

Jetzt bei www.GRIN.com hochladen und kostenlos publizieren